Madre nebulosa

ÆREA | *carménère*

Tatiana Donoso Matthews

Madre nebulosa

Ch861 Donoso Matthews, Tatiana
D   Madre nebulosa / Tatiana Donoso
       Matthews -- Riells i Viabrea : RIL editores-
       Ærea | Carménère, 2025.

       62 pág. ; 23 cm.

       ISBN: 978-84-10248-62-5

       1 POESÍA CHILENA. 2 LITERATURA CHILENA.

ÆREA | *carménère*

Serie fundada por Eleonora Finkelstein y Daniel Calabrese
Edición al cuidado de Paco Najarro

MADRE NEBULOSA
Primera edición: junio de 2025

© Tatiana Donoso Matthews, 2025

© Ærea, 2025

Un sello de RIL® editores
SEDE SANTIAGO DE CHILE: Los Leones 2258 • CP 7511055 Providencia
☎ (56) 22 22 38 100 • ril@rileditores.com • www.rileditores.com

SEDE VALPARAÍSO • valparaiso@rileditores.com

SEDE ESPAÑA • europa@rileditores.com

Composición e impresión: RIL® editores
Diseño de colección: Marcelo Uribe Lamour
Imagen de portada: Tatiana Donoso Matthews

Impreso en España • *Printed in Spain*

ISBN: 978-84-10248-62-5
Depósito Legal: GI 1099-2025

Para Miguel, Lucía y Candela

Leo que cada estrella es determinada por la nebulosa madre que la acunó antes de nacer. De ella heredará el tipo de combustible que usará durante toda su vida. La cantidad que haya recibido, sumada a la masa de la estrella en el momento de nacer, define cómo será su historia y cuándo, y cómo, llegará al colapso final, el momento en que el combustible heredado se agote y con él su energía, ese último instante donde alcanzará el destino ya dispuesto desde su origen: la desintegración.

VOYAGER, NONA FERNÁNDEZ

LUEGO SE SUPO

Hoy es mi cumpleaños
un año más
pongo la mesa para la comida
afuera llueve y llueve
sé que hoy no me visitarán los pájaros

brindamos por mi nuevo aniversario
podría no estar aquí, pero estoy.
Lo sé.

Mientras comemos, mi madre
recuerda su primer parto
las enfermeras no la atendieron
hasta que regresó el doctor de la base naval
donde examinaba a militares enfermos

y ella esperó sola y obediente, ovillada
entre contracción y contracción.

Pero hoy que es mi cumpleaños
mi madre evoca un nuevo recuerdo
del doctor que nos trajo al mundo

a mí como hija
y a ella como madre.

Luego se supo
que trabajaba en los centros de tortura
durante la dictadura en Chile detenía
la muerte unas horas
para que los militares pudieran seguir

rompiendo vidas
en sótanos clandestinos.

Luego se supo

cuando ya habíamos metido nuestra casa en dos maletas
y mis cumpleaños pasaron de la primavera al invierno.

Hoy es mi cumpleaños, afuera
sigue lloviendo y yo
quisiera quitarme la ropa
enjuagar en este agua de diciembre
las huellas de muerte de esas manos
que tocaron mi piel en el inicio de esta vida

pero sigo comiendo y vuelvo
a brindar por mi cumpleaños
podría no estar aquí, pero estoy.
Lo sé.

Tejedora de palabras

Hay una niña que habla rumano dentro de mí
se hunde en la nieve hasta desaparecer y se queda
a vivir en el subsuelo de Bucarest

come yogur y pepino en el colegio, guía
a su madre por las calles de una lengua extranjera
desaparece bajo la nieve o en habitaciones
de hospital blindadas y grita su miedo
por la ventana en un idioma que nadie entiende

ve a su madre a lo lejos llorar junto a los árboles.

Una niña que desea pertenecer a un lugar
conoce la pérdida y la fractura como gestos cotidianos
olvida el rumano, el chileno, ofrece
el olvido como deuda.

Una niña que aprende español y se camufla
desaparece
(no es integración, es nadar).

Ahora la niña es una madre que recuerda
cuando sostiene por primera vez el cuerpo de su hija
y en susurros vuelve a su lengua olvidada
la ofrece como promesa de un vínculo hecho de fluidos
sangre y leche
para regar esta memoria.

Una madre y una hija
cierran el círculo de la palabra y
nombran.

Tejen una lengua materna.

EDAD DE SIRENA

El otro día en el parque
unas niñas murmuraban sobre mi edad
¿Qué años tendrá la mamá de Candela?
Yo les dije con voz de leona
¡Tengo 128 años!

Asustadas, se preguntaron ¿cómo nos habrá oído?

Les conté que tenía un oído profundo
como el de las ballenas
y que vivía cientos de años
porque mi madre era una tortuga del Pacífico
y cuando nos dieron la nacionalidad española
me cambió la piel y perdí el acento marino
pero sigo teniendo un oído
afilado
y camuflo mi edad como las sirenas.

Entonces la niña de largo pelo y lentes rojos
me susurró:

Soy una nutria sin río
y llevo gafas porque fuera del agua no veo bien.

PREGUNTAS

Mi hija toca y amasa con devoción
la blandura del vientre redondo
luego el cuello flácido.

Mi cuerpo es un refugio y un misterio para ella.

¿Por qué tienes la barriga tan blandita?
¿y tu cuello, por qué cuelga, mamá?

PLACAS TECTÓNICAS

La entrada del colegio es un tiempo de espera
dónde se toman decisiones fáciles
como ir al parque o merendar churros.
Hablo con otras madres de resfriados o ropa pequeña
y tú ¿qué vas a hacer de cena? pregunto.

Sucede el reencuentro cada tarde
cargadas con mochilas y hambre y cansancio
chocamos al caminar como placas tectónicas
formadas en un mismo código genético.

Caemos rendidas en el sofá
habría que hacer los deberes, decimos
pero le negociamos un capítulo a nuestra pereza
nos acurrucamos abrazadas frente al televisor
a la espera de que el hambre o la culpa
nos traiga de vuelta un día más.

Querida Rosita,

Acá todavía no nos adaptamos
acá dormimos todo el día
acá no hay cursos de idiomas
si no sabemos indicamos con el dedo
y tenemos diccionarios.

Zahar-azúcar
faina-harina
pasole-porotos verdes
ulei-aceite

Las mujeres de acá son rudas
modernas, barren las calles
trabajan en la construcción
y escupen a las guagüitas recién nacidas (¡qué asco!).

De allá lo importante es traer anticonceptivos.

J'vreu-yo quiero
timbre-estampilla
tigarete-cigarrillo

Aquí el papel confort es tan suave como la seda
aquí no se pide limosna
aquí nada es igual a nosotros.

Bucarest, 4 Julio 1974

UN OSTEÓPATA ME DIJO QUE DEBÍA APRENDER
a respirar de nuevo: mi diafragma se mantiene
en estado de alarma.

Debo bajar la respiración al vientre
una respiración como los bebés
que llegan sin miedo en el cuerpo.

A la noche
le pido a mi hija ver cómo respira, observo
su vientre sube y baja, sube y baja.

Me estiro a su lado
y dejo que su diafragma guíe al mío.

Trampa rosada

Ayer grité a mis hijas
sí, también sucede
en el amor hay fracaso todo el tiempo.

Elegir mal el queso, poner ajo a la mayonesa
calcetines con costuras pantalones
que no están a la moda,
en el fracaso hay amor todo el tiempo.

Y los gritos
ese desahogo lunático
(amigarse con la herida le dicen).

Leo libros feministas sobre la trampa rosada
    de la maternidad
hecha de obediencia dócil y recetas de cocina.

En mis gritos hay incendio
y por eso los pasteles siempre me salen quemados.

Guacha querida
acuérdate de sentir nostalgia
cumplir con los requisitos
del gobierno «legalmente elegido»
ruego para que caigan
esos concha de su madre
y poder volver.

UN DOMINGO EN EL GUSANO DEL AMOR

Voy a hacer algo poético, recordar mi niñez esa tarde yendo al Montjuïc de la mano de mi padre y de mi hermano (los primeros hombrecitos de mi vida), ¿serían siete años?, ya me faltaban algunos dientes pero tenía dientes de leche (mmmmmm), dientes de leche para comer chocolate con leche. Caminábamos montaña arriba con la promesa de una tarde feliz de domingo. El exilio nos ofrecía ocio gratuito y subíamos cinco diez quince veinte veces al gusano del amor y dábamos vueltas y vueltas y nos reíamos.

¿Recibiste carta de Chile?
¿pudiste tramitar tu visado?

y se cerraba la capota y se volvía a abrir

¿Tu cuñado sigue desaparecido?
¿saben dónde comprar choclos?

Querido lector, esto lo debes leer rápido acelerado notando tu cuerpo que entra en la intensidad de escapar, de huir. Debes leerlo como esa niña de siete años que no quería que terminara nunca el gusano del amor para no volver a casa dieciséis paradas de metro cenar una comida que no le gusta acostarse temprano ir a un colegio donde le preguntan

Si no haces la comunión, ¿es porque eres Testigo de Jehová?

y ya podíamos prever el minuto exacto el segundo exacto donde la capota se abriría porque entendíamos el mecanismo éramos el «mecanismo» electrónico giratorio mecánico circular fluido.

(El gusano del amor)

Y de repente todo se detenía y mi padre nos decía: *es la última, nos tenemos que ir a la casa, ¡la mamá nos está esperando!* Y mi hermano y yo nos entregábamos por última vez a esa velocidad gratuita y feliz de domingo

Afuera se hacía de noche y adentro mío había luz y calor, esa luz que se desprende de la alegría y la risa continuada, que aturde y tiñe todo de algo suave por un ratito.

DE LA MANO

Me gusta ir al McDonald's con mi hija
el ritual de lo clandestino y decir
en casa que vamos de paseo
nos gusta la complicidad de la mentira

notar su mano emocionada latiendo
en la mía, unidas por el gesto
desobediente a la dieta mediterránea.

ANIMAL DE COMPAÑÍA

En los viajes largos elegimos nombres
de mascotas que nunca entrarán en casa
pero llenan nuestras horas de autopista.

Nubecita para un gato;
Harley, ese hámster;
Burguer King, la tortuga.

Lo que sucede en el paisaje se incorpora como palabra.

Y en ese trayecto estático y sumiso
creamos una familia animal con el paisaje
para bajar del auto cargadas de seres cálidos
a los que nunca daremos de comer
ni limpiaremos la caca
ni sacaremos de paseo
ni llevaremos al veterinario

no lloraremos su muerte siempre temprana
seres que amamos en su nombre tan lindo
(tan llenos de deseos de un nombre)

y mis hijas jugarán con Nubecita en el sofá
diremos adiós a Harley cuando vamos al colegio
y Burguer King paseará lentamente por el patio.

Y en esa comunidad nacida del paisaje
¿encontraré al animal que lleva mi nombre?

Guacha querida
es *todo tan diferente aquí*
no cabe más que apechugar
sentir nostalgia por su tierra
es desesperante
suena trágico escuchar eso
«legalmente elegido»
me da tanta rabia.

Esta mañana mi madre me mandó un WhatsApp
que decía:

Hoy hace 47 años que llegamos a vivir a Barcelona.

LEO A LA NOCHE JUNTO A MI HIJA
hace calor y le duele el oído
no tengo medicamento para darle
le digo que intente dormir
ella serpentea entre las sábanas
como los arroyos y los ríos del poema

estoy al lado de mi hija
y como Carver a la orilla del río
me quedaré el tiempo que me plazca.

Me encanta todo lo que crece en mí.

COSER Y ESCRIBIR

Cada edad requiere de una logística
en el bolso: pañales, toallitas, agua, galletas
esos lápices, un cuaderno, el celular.

Y un día, mientras piensas qué hacer de cena
una pregunta sobre el género:

Mamá no se qué quiero ser, si chico o chica.

Busco en mi bolso la respuesta para este dilema
y solo encuentro agua, toallitas, silencio
¿Qué es para ti ser chica? —pregunto
*Vestir de rosa y unicornios, es que la ropa
de los chicos tampoco me gusta.*

Cada silencio requiere de una logística
en el bolso: *no hay prisa por elegir* —le digo
a mí eso me pasa todo el tiempo

he aprendido a coser para hacerme la ropa
y a las noches, escribo
en talleres de poesía porque nadie
puede contar nuestra vida mejor que nosotras.

MI MADRE NO SIEMPRE FUE UNA ISLA.

Estaba tan linda en su foto de boda
con un vestido claro en la escala de grises
mirada felina brillando a la espera
del embiste, un deseo aplazado
entre labios y muslos.

Su cuerpo temblaba cuando empecé
a crecer, nuestro cuerpo
un continente amniótico.

Si digo madre   digo leche
digo   La Moneda en llamas
tierra que se parte   agua que inunda
digo   isla.

Mi madre no siempre fue una isla.

En mis primeras fotos aparece
ella cocinando
ella durmiendo
ella fumando en el balcón.

Fotos como mapas para llegar
a esa isla y tenerla solo para mi

pequeños úteros sensibles a la luz

y ahí mi casa.

Guacha querida
vieras tú la Tati, a todos les cuenta
su vestido se lo hizo su tía Rosita Estrada
con el apellido dice
porque la otra Rosa es de la tía Ida.

Ella se acuerda

Fantasía de niña

Tienes diez años. Te han cambiado de colegio hace poco. Es la hora del recreo y estás sentada con gente de tu clase en las escaleras que suben al comedor. Alguien propone un juego.

El David S. te dice: *Pero tú no juegas porque eres chilena.*

Entonces te pones de pie y le contestas: *Te equivocas. La que no juega con idiotas racistas soy yo.*

Y te vas.

Septiembre

Revisamos los materiales para la escuela
tomamos un café y un zumo mientras

me hablas de tu nueva profesora
escribir con buena letra, fijarse
si son sumas o restas, tu ropa

para el primer día teñirte el pelo
de azul el domingo.
Nos tomamos de la mano

y caminamos abrazadas como amantes
así nos queremos a ratos
(siempre tan cerca).

Bolígrafos, gomas, cuadernos, carpetas
buscamos ofertas, colores lindos
todo violeta — me dices
como mi hermana.

Al llegar a casa quitas los precios y
escribes tu nombre: Candela.

Rotuladores, lápices del curso
anterior, ordenados en
tu estuche nuevo de Harley Queen.

Cerramos tu mochila lila con gatitos
todo tiene tu nombre, tu tiempo, tu futuro.
El verano ha terminado.

SPA DOMÉSTICO

Mis hijas se colocan mascarillas
revitalizantes en la cara miran
vídeos de rizadores ecológicos o
pintan sus uñas a ritmo de Harry Style.

En la habitación de al lado maquillo
la última versión de mi curriculum
con verbos de esfuerzo y entrega
para ser la elegida.

No me acuerdo cuando volvimos del aeropuerto de dejar a mi abuela y yo empecé a llorar desconsolada en el asiento de atrás del coche y mis padres no supieron cómo llegar a mí ni supieron qué decirme.

No me acuerdo del día que llegamos a Barcelona. Mi padre no estaba en el aeropuerto. Nos fuimos con mi abuela, mi madre y mi hermano en un taxi hasta una pensión en Arco del Triunfo.

Tampoco me acuerdo de que al día siguiente fui con mi madre hasta el piso que mi padre había alquilado en el barrio de Trinidad Vieja, a las afueras de Barcelona.

No me acuerdo de esa tarde de sábado en que mi padre y mi madre fueron a comprar regalos para la primera navidad en Barcelona. Caminaban de la mano en silencio porque ninguno de los dos quería estar ahí.

No me acuerdo cuando le dijeron al psicoanalista que no seguiríamos yendo a terapia de familia porque yo no quería, pero en realidad quién no quería ir era mi padre, porque en la primera sesión el psicoanalista le dijo que era un dictador en casa.

No me acuerdo, lo sé porqué me lo han contado.

CENICIENTAS

Leemos poemas de Anne Sexton por las noches
pies amputados que sangran
mi hija me confirma que en el cuento es así

Un príncipe vendedor de zapatos
encuentra a su princesa
y no cambian pañales ni limpian el polvo
(esa historia)
Termina el poema lleno de sangre
y de figuritas de cera.

Así es el amor para Anne
y así nos asfixiamos los sábados
mientras colgamos la ropa y
llenamos bañeras de espuma
y lavamos a las muñecas y hundimos
los muñones en sopa hirviendo
(esa historia)

que ahora servimos sonrientes
mientras nos desangramos en cenas
felices frente al televisor.

Guacha querida
se me perdió la libretita con direcciones
la tuya la tengo
pero mándame la del padrino Hugo y la madrina
cada vez que me escribas hazme dibujitos
de modelos de vestidos o faldas
la ropa se repite mucho acá
y se ven cotelés, pieles, policrones
cada vez que me escribas
acuérdate.

Bucarest, 13 Octubre 1974

VIAJES

Mi madre viajó a Londres con una amiga.

Yo la esperé todo el fin de semana sentada
frente a la ventana de casa que daba a la autopista
contando los coches blancos que pasaban.

Me trajo de regalo un estuche de plástico rojo
con forma de autobús de dos pisos y monedas
de chocolate envueltas en papel dorado.

Me quedé embarazada por primera vez a los 18 años
mi madre me llevó a abortar a una clínica de la Calle Anglí
en la sala de espera había otras chicas con sus madres

una enfermera me dio la mano todo el tiempo en quirófano.

Volvimos a casa en taxi, por el camino
calles vacías, silencio
ningún coche blanco.

CITA PREVIA: 13 MAYO 10H

Yo llegué aquí con seis años
y también me quité el segundo nombre
mi abuela materna vino cuando nació
mi hermano pequeño.

Primero los dos dedos índices
intentaron ir a Suecia imagina
¡yo hablaría sueco ahora!

Luego te pones de pie y no pudieron
y se vinieron aquí sin conocer a nadie.

Primero el pulgar de la mano derecha
nunca han vuelto, de vez en cuando
para arreglar temas familiares
pero no han vuelto.

Ahora el pulgar de la mano izquierda
¿a qué edad saliste de Chile?
¿sólo has vivido tres años en Chile?
entonces no puedes votar
se requiere de un tiempo viviendo
allá para poder votar.

Ahora los cuatro dedos de la mano derecha
uno vota ahí donde vive, donde le afectan
las decisiones, la mano que no
usamos está más seca, el cuerpo es muy sabio.

Ahora los cuatro dedos de la mano izquierda
cuando estaba embarazada solo quería
comer melón y beber horchata de chufa
años después supe que son alimentos
con alto contenido en ácido fólico.

Ahora el índice de la mano derecha
el anular el corazón el meñique
¿cómo sabía mi cuerpo que yo
necesitaba ácido fólico?

Ahora el índice de la mano izquierda
el anular el corazón el meñique
en los documentos chilenos siempre aparece
el segundo nombre, aquí es más fácil
quitárselo, pero no se si dará problemas
tendría que preguntar al notario.

Baja la barbilla para la foto
firma ahí, tienes que repetirla
el sistema no me la detecta
no me deja decirle que es la primera vez
que te haces la cédula de identidad
si no sería fácil.

Tenemos que volver a repetirlo todo.

PÁJAROS DOMÉSTICOS

Escribo en un cuaderno que se llama
"El domingo de las madres"
hoy es domingo
y estoy en el parque con mi hija.

Estoy aquí porque soy madre
hace una hora llovía y pregunté
si habría cumpleaños y dijeron *sí,*
¡están muy ilusionadas!

Y yo, que he tomado dos cafés y no sé
si es falta de ilusión o falta de sueño
busco un banco tranquilo
y escribo.

Mientras mi hija escala una torre de cordel rojo
escribo *estoy aquí porque soy madre.*

Ella y sus amigas hacen planes
encaramadas a esa cima de nudos
sus voces se mezclan con el canto
metálico de las cotorras y no sé
si es falta de ilusión o falta de sueño,

pero pienso que no somos tan distintas
a estos pájaros domésticos
que escaparon de sus jaulas.

COLLAGE

Recorto y pego alas
a una foto
a una casa
a esta posibilidad
de que todo pueda ser alegre.

Bailar, se trata de bailar.

Mi hija brinca con zapatillas
de ballet maillot rojo y camiseta de unicornio.

A través de ella podré hacer un nudo
que fije un relato a la tierra y de ahí crezca
para abajo muy abajo y agriete
el subsuelo , la corteza,
el manto terrestre.

Bajo el magma seremos
cenizas y entonces
sonará la música.

La música no arde
no se puede quemar.

FRUTALES

Mi hija tiene una amiga silenciosa
se sientan conmigo a pintar
toman jugo de durazno
¡pero podemos tomar hasta
jugo de mango! —me dicen

amistad de verano junto a un río sin agua.

Mi hija dibuja un árbol, su amiga
una serpiente, ambas dibujan
una madre mística: cálida, verde,
vientre de tierra.

De repente sopla el viento trae la lluvia
vuelan los dibujos y caen bailando
con las gotas de agua.

Dejamos que se mojen, que la serpiente
y el árbol vuelvan a la tierra mientras
la lluvia inunda el cauce del río
y el lento verano moja nuestra piel.

ME ACUERDO cuando mi madre abría la maleta y me daba los regalos que enviaban de Chile. Nunca pensé (hasta ahora que lo escribo) lo triste que debía ser ese momento para ella, porque el viaje había terminado y volvía a estar lejos.

Mi madre me vestía en invierno de pie en la cama. A esta imagen le falta el frío y la niebla que había en la calle, camino al colegio.

En la radio sonaba la canción "La de la mochila azul" y yo tenía una mochila roja con una hebilla plateada.

Me acuerdo que, enamorada de Matthew Broderick en la película "Juegos de Guerra", me pasaba todo el día estirada en el sofá suspirando. De amor. Así, literal.

Mi padre y su cámara de fotos Minolta, que pesaba mucho y siempre me la prestaba. Mi psicoanalista dice que eso es una señal de que confiaba en mí.

Me acuerdo de esa feria en la que gané una lagartija verde de plástico, tan horrorosa que me puse a llorar. Lloré tanto y tan fuerte que el de la feria les regaló a mis padres una botella de cava, para que nos fuéramos.

Ese verano en que nos tocó cuidar un pajarito de la guardería y se nos murió porque lo dejamos todo el día al sol en el balcón. Lo enterramos con mi hermano en el jardín de una iglesia.

Me acuerdo cuando me perdí en la playa, buscaba un bikini de la bandera de Estados Unidos que llevaba mi madre, con estrellas en la parte de arriba y las barras en la parte de abajo.

Mi padre me enseñó a enfocar y a medir la luz con el diafragma y la velocidad.

Salí corriendo aterrorizada del cine en la escena donde Blancanieves se pierde en el bosque.

La primera vez que tuve a mi hija en brazos fue a las 48 horas de nacer. La sacaron de una incubadora y la pusieron sobre mi pecho desnudo. Piel con piel. Pesaba 1160 gramos.

Al notar el cuerpo de mi hija sobre mi pecho supe que viviríamos.

Me acuerdo de la primera foto que hice, era una casa.

AGRADECIMIENTOS

Este libro es un bordado colaborativo, hecho de múltiples afectos que me han acompañado en este proceso de escritura.

No se bien como empezar a dar las gracias, tal vez por la nebulosa madre que me trajo hasta aquí. Dicen que empezamos a existir en el vientre de nuestra abuela, donde se forma el óvulo que luego concebirá a nuestra madre, así que empiezo agradeciendo a mi abuelita Berta y mi abuelita Celia su amor infinito que a día de hoy me sigue acompañando.

Gracias a mi mamá y a mi papá, Elena y Gonzalo, por cuidarme. No siempre ha sido fácil, pero hemos aprendido a querernos.

Gracias a mi tía Verónica, que me regaló una biografía de Frida Kahlo cuando cumplí 18 años y una carta astral que me iluminó en la oscuridad de las estrellas cuando cumplí 50 años. Y a mi extensa familia chilena, mis tías y mis tíos, mis primos y primas, que a pesar de no haber podido crecer juntas, estamos unidos por el amor y los wasaps donde vamos compartiendo nuestra vida.

Gracias a mi tía Rosita y a su hijo Gonzalo por confiarme las cartas.

Gracias a En Palabras - [Relatos migrantes], un espacio de escritura y cuidado donde me llegó la poesía de la mano de Tania Pleítez y me reconocí en esa geografía.

Gracias a Begoña Ugalde por llevarme de vuelta a Chile desde la poesía.

Gracias a Cecilia Pavón y su maravilloso taller de poesía, un espacio de alquimia y magia poética donde se gestó este poemario y donde nací de nuevo desde la palabra.

Y a las compas de taller Juli, Marcos, Patricia, Carlos y Mariel, por la escucha y la generosidad constante.

Gracias a Flor Rua por tu sabiduría y tu ternura al acompañarme en la edición de *Madre Nebulosa*.

Gracias a las compas de Mitja Subversiva por haber creado un espacio amoroso de cuidados en la cuineta de La Canibal, la mejor librería de esta ciudad.

Gracias a las amigas luminosas que han acompañado en la escritura de este poemario.

Y a todas las poetas que han escrito en cafés, en vagones de metro o en la mesa de la cocina —porque no siempre hay una habitación propia desde la que escribir—, y que han sostenido el deseo de contar con la fe y la palabra.

Cada verso de este libro se bordo junto a ustedes.

Gracias.

ÍNDICE

Este libro se terminó de imprimir
en junio de 2025

RIL® editores • España

europa@rileditores.com

Se utilizó tecnología de última generación que reduce
el impacto medioambiental, pues ocupa estrictamente el
papel necesario para su producción, y se aplicaron altos
estándares para la gestión y reciclaje de desechos en
toda la cadena de producción.